RECUEIL

DES

LOIS PRATIQUES

Utiles à tous

COMPOSÉ DES LOIS LES PLUS UTILES

POUR CONNAITRE SES DROITS

ET ARRANGER SES AFFAIRES SOI-MÊME

CODE-CIVIL

PAR

Eugène DANEL

Éditeur à Paris

1885

RECUEIL

DES

LOIS PRATIQUES

Des différentes espèces de saisies

3. — La saisie-arrêt est celle qui a pour objet d'arrêter dans les mains d'un tiers par lui dû au débiteur du saisissant. Si elle est faite sans titre, il est indispensable d'obtenir du juge une ordonnance, permettant de saisir-arrêter. Si le créancier a un titre, tel que billet ou reconnaissance, il suffit de le faire enregistrer et d'en donner copie en tête de l'exploit; si, enfin, le créancier a un jugement, sa position est plus simple encore, car il n'a pas besoin de scinder sa procédure par une demande de condamnation, il suffit de former aussitôt sa demande en validité. Quoi qu'il en soit, il n'est pas possible de conduire à fin la procédure d'une saisie-arrêt, sans dépense 100 à 120 fr. en frais.

La saisie brandon

4. — Est une saisie-exécution qui a pour objet la vente de récoltes; elle ne peut être faite que dans les six semaines qui précèdent leur maturité, elle est simple et peu coûteuse 10 à 12 fr. plus la signification de l'acte.

La saisie-gagerie

est celle que le propriétaire, qui n'a pas de bail notarié, fait pratiquer sur les meubles de son débiteur, en vertu de l'art. 592 du Code de procédure civile, elle a besoin d'être validée par un jugement qui la convertit en saisie-exécution; et, dans tous les cas, elle occasionne beaucoup de frais : 100 à 120 fr.

La saisie-exécution

est celle qui, faite en vertu d'un titre exécutoire, atteint toute espèce de meubles, elle se conduit à fin sans l'intervention d'aucun tribunal. Ne peuvent être saisis, pour aucune créance que ce soit, pas même par l'Etat, le coucher nécessaire au saisi ni celui de ses enfants ; on entend par coucher : une couchette (ou bois de lit, 2 matelas, 2 lits de plumes, une paillasse, 1 traversin, 2 oreillers, une couverture, une paire de draps, enfin le lit complet.) Id. les habits dont le saisi est couvert, pas même son manteau s'il l'a sur les épaules, ni sa montre, ni celle de sa femme, s'ils la portent sur eux-mêmes ; si l'huissier veut passer outre, le saisi doit demander à aller en référer.

Ne peuvent être saisis les outils des artisans, jusqu'à la valeur de 300 fr. au choix du saisi, les farines et menues denrées nécessaires à la consommation du saisi et de sa famille pendant un mois, à moins que l'exécution ne provienne de ceux qui auraient fourni les mêmes objets, et pour revendication (leur revendication n'est valable que dans la huitaine après la livraison), une vache ou trois brebis, ou deux chèvres avec le fourrage qui leur est nécessaire pendant un mois, ne peuvent non plus être saisis.

De la mitoyenneté

DU MUR ET DU FOSSÉ MITOYENS

653. — Dans les villes et les campagnes, tout mur servant de séparation entre bâtiments jusqu'à l'éberge ou entre cour et jardin et même entre enclos, dans les champs, est présumé mitoyen s'il n'y a pas marque du contraire.

654. — Il y a marque de non-mitoyenneté, lorsque la sommité du mur est droite et aplomb de son parement d'un côté, et présente de l'autre un côté incliné, lors encore qu'il n'y a que d'un côté

ou un chaperon ou des filets, et corbeaux de pierre qui auraient été mis en bâtissant le mur, dans ce cas, le mur est censé appartenir exclusivement au propriétaire du côté duquel sont l'égoût, ou les corbeaux, ou les filets de pierre.

655. — La réparation ou la reconstruction du mur mitoyen sont à la charge de tous ceux qui y ont droit, et proportionnellement au droit de chacun.

656. — Cependant, tout propriétaire d'un mur mitoyen peut se dispenser de contribuer aux réparations et aux reconstructions en abandonnant le droit de mitoyenneté, pourvu que le mur mitoyen ne soutienne pas un bâtiment qui lui appartienne.

657. — Tout propriétaire peut faire bâtir contre un mur mitoyen et y faire placer des poutres ou des solives dans to te l'épaisseur du mur à cinquante-quatre millimètres (deux pouces) près, sans préjudice du droit qu'a le voisin de faire réduire à l'ébauchoir la poutre jusqu'à la moitié du mur, dans le cas où il voudrait lui-même asseoir des poutres dans le même lieu ou y adosser une cheminée.

658. — Tout co-propriétaire peut faire exhausser le mur mitoyen, mais il doit payer seul la dépense de l'exhaussement, les réparations d'entretien au-dessus de la hauteur de la clôture commune, en outre l'indemnité de la charge en raison de l'exhaussement et suivant la valeur.

659. — Si le mur mitoyen n'est pas en état de supporter l'exhaussement, celui qui veut le faire exhausser doit le faire reconstruire en entier à ses frais, et l'excédant de l'épaisseur doit se prendre de son côté.

660. — Le voisin qui n'a pas contribué à l'exhaussement peut acquérir la mitoyenneté en payant la moitié de la dépense qu'il a coûté et la valeur de la moitié du sol fourni pour l'excédant d'épaisseur, s'il y en a.

661. — Tout propriétaire joignant au mur, a de même la faculté de le rendre mitoyen en tout ou en partie, en remboursant au maître du mur la

moitié de sa valeur ou la moitié de la valeur de la portion qu'il veut rendre mitoyenne, et moitié de la valeur du sol sur lequel le mur est bâti.

662. — L'un des voisins ne peut pratiquer dans le corps d'un mur mitoyen aucun enfoncement, ni y appliquer ou appuyer aucun ouvrage sans le consentement de l'autre, ou sans avoir, à son refus, fait régler par expert les moyens nécessaires pour que le nouvel ouvrage ne soit pas nuisible au droit de l'autre.

663. — Chacun peut contraindre son voisin dans les villes et faubourgs, à contribuer aux construction et réparation de la clôture faisant séparations de leurs maisons, cours et jardins assis ès-dites villes et faubourgs ; la hauteur de la clôture sera fixée suivant les règlements particuliers ou les usages constants et reconnus ; à défaut d'usages et de règlements, tout mur de séparation entre voisins qui sera construit ou rétabli à l'avenir, doit avoir au moins trente-deux décimètres (dix pieds) de hauteur, compris le chaperon, dans les villes de cinquante mille âmes et au-dessus, et de vingt-six décimètres (huit pieds) dans les autres.

664. — Lorsque les différents étages d'une maison appartiennent à divers propriétaires, si les titres des propriétés ne règlent pas le mode de réparation et de construction, elles doivent être faites ainsi qu'il suit : les gros murs et les toits sont à la charge de tous les propriétaires, chacun en proportion de la valeur de l'étage qui lui appartient, le propriétaire de chaque étage fait le plancher sur lequel il marche, le propriétaire du premier fait l'escalier qui y conduit, le propriétaire du second étage fait à partir du premier escalier qui conduit chez lui, et ainsi de suite.

665. — Lorsqu'on reconstruit un mur mitoyen ou une maison, les servitudes actives et passives se continuent à l'égard du nouveau mur ou de la nouvelle maison, sans toutefois qu'elles puissent être aggravées et pourvu que la reconstruction se fasse avant que la prescription soit acquise.

666. — Tous fossés entre deux héritages sont

présumés mitoyens, s'il n'y a titre ou marque du contraire.

667. — Il y a marque de non-mitoyenneté lorsque la levée ou le rejet de la terre ss trouve d'un côté seulement du fossé.

668. — Le fossé est censé appartenir exclusivement à celui du côté duquel le rejet se trouve.

669. — Le fossé mitoyen doit être entretenu à frais communs

670. — Toutes haïes qui séparent les héritages sont réputées mitoyennes, à moins qu'il n'y ait qu'un seul des héritages en état de clôture, ou s'il n'y a titre ou possession suffisante du contraire.

671. — Il n'est permis de planter les arbres de haute tige qu'à la distance prescrite par les règlements particuliers actuellement existants, ou par les usages constants et reconnus, et à défaut de règlements et usages, qu'à la distance de deux mètres de la ligne séparative des deux héritages pour les arbres à haute tige, et à la distance d'un demi-mètre pour les autres arbres ou haies vives.

672. — Le voisin peut exiger que les arbres et haies plantés à une moindre distance soient arrachés ; celui sur la propriété duquel avancent les branches des arbres du voisin peut contraindre celui-ci à couper les branches ; si ce sont les racines qui avancent sur son héritage, il a le droit de les y couper lui-même.

673. — Les arbres qui se trouvent dans la haie mitoyenne sont mitoyens comme la haie, et chacun des deux propriétaires a le droit de requérir qu'ils soient abattus.

Les nouvelles lois rurales

Trois lois du 20 août 1881 sont venues préciser ou modifier diverses dispositions de notre droit rural.

Les deux premières, qui n'en font qu'une, forment le commencement du nouveau *code rural* depuis l'article 1er jusqu'à l'article 37.

La troisième apporte de notables modifications aux articles 666, 667, 668, 669, 670, 671, 672, 673,

682, 683, 684 et 685 du Code civil, relatifs aux servitudes.

Nous avons reçu un grand nombre de demandes d'explications; nous allons y satisfaire.

1· Les *chemins ruraux*, non vicinaux, appartenant aux communes et affectés à l'usage du public ; 2· les *chemins et sentiers d'exploitation*, appartenant aux particuliers.

CHEMINS RURAUX

La nouvelle loi crée pour ces chemins un régime analogue à celui que la loi du 21 mai 1836 a créé pour les chemins vicinaux. Il est procédé à la reconnaissance de ceux qui appartiennent déjà à la commune, et de ceux qui devront lui appartenir.

Le conseil municipal, la commission départementale, le conseil général et le préfet interviennent successivement pour établir la direction et les limites des chemins ruraux.

Une fois reconnus, ces chemins deviennent imprescriptibles. Ils sont, comme les chemins vicinaux, l'objet d'un règlement préfectoral, communiqué au conseil général et approuvé par le ministre de l'Intérieur.

Les chemins ruraux doivent être entretenus par la commune. Toutefois, si la commune n'était pas assez riche, ou si elle y mettait trop de mauvaise volonté, il pourrait être formé pour l'ouverture, le redressement, l'élargissement, la réparation et l'entretien de ces chemins, des associations syndicales à peu près semblables aux *associations syndicales autorisées*, régies par la loi du 21 juin 1865.

CHEMINS ET SENTIERS D'EXPLOITATION

Ces chemins sont ceux qui servent exclusivement à la communication entre divers héritages, ou à leur exploitation. Ils sont, en l'absence de titres, présumés appartenir aux propriétaires riverains, chacun en droit soi ; mais l'usage en est commun à tous les intéressés. — Ils peuvent être interdits au public.

Tous les propriétaires dont ils desservent les héritages sont tenus les uns envers les autres de contribuer, dans la proportion de leur intérêt, aux travaux nécessaires à leur entretien et à leur mise en état de viabilité.

Chaque co-intéressé est donc fondé, dès à présent, à exiger un acte sous-seing privé ou autre, signé de tous les propriétaires riverains, et fixant la part proportionnelle de chacun dans les dépendances actuelles et futures

En cas de difficultés, le juge de paix statue sauf appel, s'il y a lieu (*Code rural, art.* 36). — Toutes autres contestations sont jugées par les tribunaux, comme en matière sommaire.

Les chemins et sentiers d'exploitation ne peuvent être supprimés que du consentement de tous les propriétaires qui ont le droit de s'en servir. Mais chacun d'eux est libre de renoncer à ses droits comme en matière de mitoyenneté.

SERVITUDES

10. Le nouvel article 666 du code civil remplace par le mot *clôture* les dénominations de *fossé mitoyen* et de *haie mitoyenne*. — Toute *clôture* qui sépare des héritages est réputée mitoyenne dans les conditions de l'ancien article 670.

La clôture mitoyenne doit être entretenue à frais communs, mais on peut renoncer à la mitoyenneté. — Il y a toutefois exception à cette faculté de renoncer s'il s'agit d'un fossé servant habituellement à l'écoulement des eaux.

On peut, au lieu de renoncer à la mitoyenneté, détruire sa part de clôture et reprendre tout son terrain, mais à la charge de construire un mur à la limite de sa propriété. — Il n'est pas permis de détruire sans bâtir.

Tout arbre planté sur la ligne séparative de deux héritages est réputé mitoyen. Chaque propriétaire peut exiger que les arbres mitoyens soient arrachés.

Les fruits des arbres et haies mitoyens sont recueillis à frais communs et partagés par moitié. — Les fruits des arbres et arbustes non mitoyens tombés naturellement chez le voisin, appartiennent au voisin.

L'ancien article 671 divisait les arbres en arbres de haute tige et en arbres de basse tige. Ces derniers seuls pouvaient entrer dans la composition d'une haie plantée à cinquante centimètres du voisin. Le nouvel article permet de faire entrer dans une haie tous les arbres que l'on veut, mais à la condition que la hauteur de ces arbres ne dépasse jamais deux mètres. — On n'a plus de distance à observer, quand il y a un mur séparatif entre voisins.

L'ancien article 682, relatif en cas d'enclave, n'accordait de passage qu'à celui qui n'avait *aucune issue* sur la voie publique. Le nouvel article va plus loin. Il autorise à demander une issue plus large, toutes les fois que l'issue est *insuffisante*, non seulement pour l'exploitation d'une propriété rurale, mais encore pour l'exploitation d'une propriété industrielle.

Telles sont les principales dispositions des trois lois du 20 août 1881.

De la distance des propriétés et des ouvrages

INTERMÉDIAIRES REQUIS POUR CERTAINES CONSTRUCTIONS

11. — Celui qui fait creuser un puits ou une fosse d'aisance près d'un mur mitoyen ou non, celui qui veut y construire une cheminée ou âtre, forge, four ou fourneau, y adosser une table, ou etablir contre ce mur un magasin de sel ou amas de matières corrosives, est obligé à laisser la distance prescrite par les règlements et usages pour éviter de nuire au voisin.

Des vues sur la propriété de son voisin

12. — L'un des voisins ne peut, sans le consentement de l'autre, pratiquer dans le mur mitoyen aucune fenêtre ou ouverture, en quelque manière que ce soit, même à verre dormant.

676. — Le propriétaire d'un mur non mitoyen

joignant immédiatement l'héritage d'autrui, peut pratiquer dans ce mur des jours ou fenêtres à fers maillés, ou verre dormant; ces fenêtres doivent être garnies d'un treillis de fer, dont les mailles auront un décimètre (environ trois pouces—huit lignes) d'ouverture au plus, et d'un châssis à verre dormant.

677. — Ces fenêtres ou jours ne peuvent être établis qu'à vingt-six décimètres (huit pieds) au-dessus du plancher du sol de la chambre que l'on veut éclairer, si c'est au rez-de-chaussée et à dix-neuf centimètres (six pieds) au-dessus du plancher, pour les étages supérieurs.

678. — On ne peut avoir des vues droites ou fenêtres d'aspect, ni balcons ou autres semblables saillies sur l'héritage de son voisin, s'il n'y a dix-neuf décimètres (six pieds) de distance entre le mur où on les pratique et ledit héritage.

679. — On ne peut avoir des vues par côtés ou obliques sur le même héritage, s'il n'y a six décimètres (deux pieds) de distance.

680. — La distance dont il est parlé dans les deux articles précédents, se compte depuis le parement extérieur du mur où l'ouverture se fait, et s'il y a balcon ou autres semblables saillies, depuis leur ligne extérieure jusqu'à la ligne de séparation des deux propriétés.

De l'égoût des toits

681. — Tout propriétaire doit établir des toits de manière que les eaux pluviales s'écoulent sur son terrain ou sur la voie publique; il ne peut les faire verser sur le fonds de son voisin.

Du droit de passage

682. — Le propriétaire dont le fonds est enclave et qui n'a aucune issue sur la voie publique, peut réclamer un passage sur les fonds de ses voisins, pour l'exploitation de son héritage, à la charge d'une indemnité proportionnelle au dommage qu'il peut occasionner.

683. — Le passage doit régulièrement être pris

du côté où le trajet est le plus court du fonds enclavé à la voie publique.

684. — Néanmoins, il doit être fixé dans l'endroit le moins dommageable à celui sur les fonds duquel il est accordé.

685. — L'action en indemnité dans le cas prévu par l'art. 682 est prescriptible et le passage doit être continué, quoique l'action en indemnité ne soit pas recevable.

Tarif des frais d'actes de l'Etat-Civil

Expéditions des actes de naissance, de décès, de publications de mariage, dans les communes au-dessous de 50,000 âmes :

Salaire. 0,30 c.; papier timbré, 1,80; en tout, 2,10.

Les mêmes expéditions dans les communes au-dessus de 50,000 âmes :

Salaire 0,50 c.; papier timbré 1,80; en tout 2,30.

A Paris, salaire 0,75 c.; timbre 1,50; en tout 2,55.

Expéditions des actes de mariage, d'adoption, dans les communes au-dessous de 50,000 âmes ;

Salaire, 0,60 c.; timbre 1,80; en tout 2,40.

Les mêmes expéditions, dans les communes au-dessus de 50,000 âmes.

Salaire, 1 fr.) timbre 1,80; en tout 2,80.

A Paris, salaire, 1,50; timbre 1,80; en tout 3,30.

Droits d'enregistrement pour droits de vente, d'échange, de partage

Soultes, baux à rentes perpétuelles et autres articles ci-désignés (acte sous signature privée).

Si l'on a acheté pour 100 fr. de biens immeubles, il est dû 6 fr. 65 c. pour 100 fr.

Si l'on a échangé une pièce de terre estimée 100 fr. de revenu, il est dû 4 fr. pour 100 fr.

Pour un partage, entre les enfants, de biens provenant de leur père et mère, il est dû 6 fr. 10 c. pour 100 fr.

Pour soulte entre les parents, il est dû 4 fr.

Location d'un lot de terre, les contributions à la charge du bailleur, 0,25 c. par 100 fr.

Baux de biens immeubles pour un temps limité, ,825 par 100 fr.

Baux à rente perpétuelle de biens immeubles, ceux à vie, ceux dont le temps est illimité, 2 fr. 50.

Baux à rente d'animaux, à cheptel, convention pour nourriture des personnes, lorsque la durée est illimitée; 2 fr. 20 par 100 fr.

Quittance devant notaire pour une personne qui ne sait signer, 0,60 par 100 fr.

Des notaires. — Leurs honoraires.

Pour actes de ventes, pour enchères et adjudications, à Paris, Lyon, Marseille, Bordeaux, Rouen et Lille, 1 pour 100 jusqu'à 10.000 fr. ; 1[2 p. 100 de 10.000 à 50.000 fr. ; 1[4 p. 100 de 50.000 fr. à 100,000 1[8 pour actes excédant 100.000 fr.

Dans les villes de 30,000 âmes, réduction de 1[5 sur le tarif de Paris.1

Il est dû, en outre, au notaire, une vacation pour transport à plus d'un myriamètre aller et retour, et pour frais de route et nourriture, encore une demi-vacation. Les frais d'enregistrement, les frais d'inscription et de purge d'hypothèque pour ventes d'immeubles ne sont pas compris dans le tableau qui précède et doivent être payés à part

Pour une obligation savoir :

Obligations	de 200 francs et au-dessous	4 »
»	de 200 à 500 francs	5 »
»	de 500 à 1.000 fr.	6 »
»	de 1.000 à 2,000 fr.	6 »
»	de 2.000 à 10.000 par 1.000 fr.	4 »
»	de 10.000 fr. 1.000 fr.	

Pour contrat de mariage

Les honoraires se perçoivent sur le capital cumulé de la fortune des futurs époux, savoir :

Pour l'enregistrement 11 fr. prix fixe. — Pour 1.000 fr. et au-dessus, 8 fr. — De 1.000 à 5,000, 1[2 p. 100. — Au-dessus de 5.000 fr. 2 fr. par 1.000 fr. — En outre, il est perçu les honoraires des donations sur les donations faites par des parents collatéraux ou étrangers qui, alors, seront distraits de l'avoir présumé des futurs époux.

Pour testament

A Paris, 15 fr. ; Cour d'appel 14 fr. Tribunal de 1re instance, 12 fr. ; ailleurs 10 fr.

Les droits d'enregistrement sont compris dans ce tarif, si les notaires se transportent à domicile, il leur est dû, en plus, une ou deux vacations suivant la distance.

Vente d'une maison

Par devant Mᵉ Dhondt et son collègue, notaires à Ba lleul : département du Nord.

A comparu :

M. Louis Delacroix, propriétaire, demeurant à Bailleul ;

Lequel a, par ces présentes, vendu et s'est obligé de garantir de tous troubles, privilèges, hypo-thèques, donations, évictions et autres empêche-ments quelconques,

A M. Jean Baptiste Pasbecq, négociant, demeu-rant à Bailleul, à ce présent et acceptant, acqué-reur pour ui et les ayant cause :

Une maison située à Bailleul, ayant son entrée par une porte cochère, et consistant en une cour, puits, deux corps de logis : le premier sur la rue, composé de caves, rez-de-chaussée, quatre étages et grenier au-dessus ; le second, au fond de la cour, et élevé de trois étages.

Ainsi qu'elle se poursuit et se comporte sans en rien excepter ni réserver, et dont il n'a pas été fait une plus longue désignation à la réquisition de l'acquéreur, qui a déclaré la connaître suffisam-me t pour l'avoir visitée.

Cette maison appartient au sieur Delacroix, comme l'ayant recueillie dans la succession du sieur Louis Delacroix, son père, qui l'avait fait construire lui-même.

Pour le sieur Pasbecq, faire et disposer de la maison présentement vendue comme lui appartenant en toute propriété, à compter de ce jour, et en jouir par la perception des revenus, à compter du 1· mai prochain.

La présente vente est faite aux charges et conditions suivantes, que le sieur Pasbecq s'oblige d'exécuter, savoir :

1· De prendre la maison présentement vendue dans l'état où elle se trouve ;

2° D'acquitter, à compter du ·er mai prochain, les contributions de toute nature auxquelles cette maison est et pourra être imposée ;

3° De supporter t utes les servitudes passives, apparentes ou occultes, dont la maison peut être tenue, attendu qu'il aura droit à celles actives, le tout à ses risques et périls ;

4° De payer les honoraires des présentes, ainsi que les droits et déboursés auxquels elles donneront ouverture ;

5° Et en outre, cette vente est faite moyennant la somme de 120.000 francs de prix principal, que le sieur Pasbecq s'oblige de payer au sieur Delacroix en sa demeure à Bailleul, aussitôt l'accomplissement des formalités de purge des hypothèques, et dans cinq mois au plus tard, à compter de ce jour, avec les intérêts à raison de 5 p. 100 par an sans retenue, à compter du 1er mai prochain.

A la garantie du paiement de ce prix, en principal et intérêts, la maison présentement vendue demeure affectée, obligée et hypothéquée par privilège spécial expressément réservé au vendeur.

Sous la réserve de ce privilège, le sieur Delacroix se dessaisit en faveur du sieur Pasbecq et il le subroge dans l'effet de tous ses droits de propriété sur la maison présentement vendue.

Le sieur Delacroix, d'ici à cinq mois, pour tout délai, fera transcrire une expédition des présentes au bureau des hypothèques de Bailleul et remplira toutes les formalités nécessaires pour purger son acquisition des hypothèques, tant inscrites ou égales, qui peuvent la grever, et si, pendant l'accomplissement de ces formalités, il y a ou survient des inscriptions provenant du fait du vendeur ou de celui de ses auteurs, le vendeur s'oblige d'en rapporter le certificat de radiation dans les deux mois de la dénonciation que l'acquéreur lui en fera faire à son domicile ci-après élu et de le garantir et indemniser de tous frais extraordinaires de purge, ainsi que de toutes surenchères et frais d'ordre.

Pour l'exécution des présentes, les parties élisent domicile en leurs demeures respectives.

Fait et passé, etc.

Modèle d'acte sous signature privée

Entre nous soussignés (noms, prénoms) d'une part,

Et le sieur (noms, prénoms) d'autre part;

Avons arrêté et convenu ce qui suit, savoir :

Le sieur B..., propriétaire, à , a par ces présentes, donné à titre de bail, une de terre labourable pour 3, 6 ou 9 années consécutives (au choix du bailleur) qui commenceront le du mois de l'an de pendant lequel temps il promet de jouir paisiblement le sieur D... présent et acceptant à ce titre pour lui, ses héritiers ou ayant-droits, pendant le temps sus-énoncé, moyennant la somme de qu'il s'engage à payer, tous les ans, le premier du mois de faute de paiement dudit prix, trois ou six mois après le terme échu, le présent bail demeurera nul et résilié si bon semble au bailleur, lequel alors pourra disposer de la jouissance des biens; cette propriété est sise, etc., etc.

Fait double et de bonne foi en présence de qui ont signé avec nous après lecture,

Sous-location (droit de)

ART 1717 DU CODE CIVIL

Le preneur a droit de sous-louer, et même de céder son bail à un autre, si cette faculté ne lui est pas interdite.

Elle peut être interdite pour le tout ou partie. Cette clause est toujours de rigueur,

Notions usuelles

Les actes sous-seing privé doivent être enregis-très dans les trois mois qui suivent leur date.

Le papier timbré qui a servi pour un commencement d'acte ne peut servir que pour un autre acte.

L'empreinte du timbre ne peut être couverte d'écriture.

Les actes synallagmatiques ne sont valables que tout autant qu'ils sont faits en autant d'originaux qu'il y a de personnes contractantes.

Avis aux propriétaires

Aux termes de la loi du 3 août 1878, les baux faits par périodes (soit de trois ans, six neuf ans, ou cinq ou dix ou quinze ans) ne sont enregistrès que pour la première période à moins de réquisition contraire.

Les propriétaires doivent surveiller le renouvellement de l'enregistrement au fur et à mesure de l'échéance des périodes. Cette formalité doit être remplie dans les trois premiers mois de nouvelle période commençant ; cette charge est imposée aux propriétaires sous leur responsabilité personnelle, en cas d'omission, ils sont passibles d'une amende de 62 fr. 50 par locataire. Toutes les locations verbales commençant au 24 juin dernier doivent être déclarées dans les trois mois de l'entrée en jouissance, soit avant le 24 septembre 1875. Passé ce délai, le propriétaire aura encouru une amende de 63 fr. 50 par locataire.

Acte de partage entre co-héritiers

Par devant M° Dénis et son collègue, notaires à Roanne, département de la Loire, ont comparu

M. François Ladans, négociant ; M. Louis Ladans, propriétaire et Mlle Ernestine Ladans, lingère demeurant tous les trois à Roanne, et agissant tous trois en leur qualité d'héritiers, chacun pour un tiers, de M. Ladans leur père, décédé propriétaire à Roanne ;

Lesquels, voulant procéder entre eux au partage amiable et à la liquidation des biens dépendant de la succession de leur père, ont expliqué qu'après le décès de M. François Ladans, il n'y a eu apposition des scellés, ni inventaire de la succession, ces formalités ayant paru inutiles aux co-partageants; qu'ils ont acquis la certitude que leur père n'a fait aucune disposition testamentaire et que les biens meubles et immeubles qui seront ci-après désignés ont les seuls qui dépendent de succession, dont ils sont fait l'estimation amiable ainsi qu'il suit :

1· Deniers comptants trouvés dans le domicile du sieur Ladans père, après son décès, s'élevant à la somme de. 3.800 fr.

2· Linge, vêtements, meubles, etc., estimés . . . . 700 »

3· Une maison située à Roanne, composée de deux corps de logis, jardin en dépendant, estimé . . . . 18.000 »

4· Une pièce de terre labourable, contenant 2 hectares 90 ares, lieu dit l'*Herbe Fine*, estimée . . . . 9.000 »

5· Une pièce de vigne, contenant 1 hectare, lieu dit le *Côté du Sud*, estimée . . . . 1.700 »

6· Une pièce de pré, contenant 1 hectare 30 ares, lieu dit du *Grand-Moulin*, estimée . . . . 4.000 »

7· Une pièce de bois, dite la remise, contenant 12 hectares, estimée . . . . 6.200 »

Total de la masse à partager . . 47.400 »

Mais sur cette somme il faut prélever pour le capital de la rente de 165 fr. dont cette maison est grevée . . . . . . 3.300 »

Reste . . . . 44.100 »

Dont le tiers pour chacun des co-partageants est de . . . . 14.700 »

Les trois lots ont été composés par les parties d'un commun accord, de la manière suivante :

1er lot. — Ce premier comprend les deniers comptants, le linge et les meubles, la pièce de pré et la pièce de bois pour la somme de . . . . . . 14.700 »

2ᵉ lot. — Il comprend la pièce de terre
    labourabl- et la pièce de vigne,
    pour la somme de.............,   14.700 »

3ᵉ lot. — Il comprend la maison esti-
    mée 18.000 fr. avec la charge de
    payer la rente de 165 fr., représen-
    tant un capital de 3,300 francs
    pour la somme de...............   14.700 »

Cette composition de lots faite, les parties ont
formé trois papiers semblables, sur lesquels étaient
écrits : 1ᵉʳ lot, 2ᵉ lot, 3ᵉ lot, et, après les avoir mê-
lés et roulés, ils ont été tirés au sort, par l'évène-
ment duquel le 1ᵉʳ lot est échu à François, le 2ᵉ à
Mlle Ernestine, le 3· à Louis.

Chacun des co-partageants sera, dès ce jour,
propriétaire des objets compris dans son lot, et en
jouira, en disposera en conséquenc , comme il le
jugera à propos, avec en ce qui concerne l'im-
meuble qui lui est attribué, tous les accessoires
qui y sont inhérents, tels que servitudes act ves,
droits de mitoyenneté, etc., à la charge des servitudes passives, s'il y en a.

En con équence, et sous le maintien des réserves et obligations ci-dessus stipulées, les soussignés se tiennent respectiveme t quittes et
déclarent renoncer à s'inquiéter, ni à se recher-
cher, en aucune manière, pour rai-on du plus ou
du moins de valeur des objets, meubles et immeubles compris dans le présent partage. Ils re-
connaissent, en outre, que les titres de propriété,
relatifs aux immeubles qui sont compris dans les
lots, ont été à l'instant remis, et ils s'en donnent
respectivement décharge.

Pour l'exécution des présentes, les parties élisent domicile dans leur commune respective.

Fait et passé, etc.

TABLEAU DES DROITS A PAYER

POUR DONATIONS ENTRE VIFS, HORS CONTRAT ET PAR CONTRAT
DE MARIAGE, POUR 100 FRANCS.

	HORS CONTRAT		PAR CONTRAT	
	Meubles	Immeubles.	Meubles	Immeubles.
1re DIVISION Donation du père au fils et du fils au père......	1 25	2 75	2 50	4 »
2e DIVISION Entre époux...........	1 50	3 »	3 »	4 50
3e DIVISION Entre frères et sœurs, oncles, tantes, neveux et nièces..............	4 50	4 50	6 50	6 50
4e DIVISION Entre grand-oncles et grand'-tantes, petits neveux et petites nièces Entre cousins germains..	5 »	5 »	7 »	7 »
5e DIVISION Entre parents au-delà du quatrième degré jusqu'au douzième degré..	5 50	5 50	8 »	8 »
6e DIVISION Entre personnes non parentes................	6 »	6 »	9 »	9 »

Droits de mutation par décès

Dus par les héritiers les légataires et les donataires

La déclaration des mutations doit être faite dans les six mois après le décès, sous peine d'avoir à payer un demi-droit en sus pour retard, ou le double pour déclaration insuffisante. Savoir ;

En ligne directe, c'est-à-dire du père au fils ou du fils au père les meubles et les immeubles paient 1 fr. pour 100 francs, décimes non compris.

De l'époux à l'épouse, les meubles et immeubles paient 3 francs, pour 100 francs, décimes non compris.

En ligne collatérale, c'est-à-dire du frère au frère et d'oncle à neveu, les meubles et les immeubles paient 6 fr. 50 sur 100 francs, décimes non compris.

De grand-oncle à petit-neveu, de cousin-germain à cousin-germain les meubles et immeubles paient 7 fr. 50 pour 100 francs, décimes non compris.

De parents au-delà du quatrième degré jusqu'au douzième degré, les meubles et les immeubles paient 9 fr. pour 100 fr., décimes non compris.

D'étrangers à étrangers, les meubles et les immeubles paient 9 francs, décimes non compris.

Droits et devoirs respectifs des époux

Les époux se doivent mutuellement fidélité, secours et assistance. Le mari doit protection à sa femme, et la femme doit obéissance à son mari ; dans l'intérêt de la société conjugale l'un des époux doit être subordonné à l'autre, et ce rôle d'infériorité et d'obéissance, la nature l'a infligé à la femme ; de ces devoirs respectifs de protection et d'obéissance, il suit que la femme n'a pas d'autre domicile que celui de son mari et qu'elle est obligée de le suivre partout où il jugera convenable de résider, si elle s'y refuse, le mari peut l'y contraindre, lui refuser le nécessaire et faire saisir ses revenus. Sous quelque régime que la femme soit mariée, elle ne peut participer à aucun acte, soit judiciaire, soit commercial, sans l'autorisation spéciale de son mari ; elle est empêchée, à plus forte

raison, de contracter, aliéner, hypothéquer ; acquérir, à titre gratuit ou onéreux, sans l'autorisation
de la justice, si le mari a refusé la sienne, ou s'il
est mineur. Elle peut, sans être autorisé, faire des
dispositions testamentaires, contracter les obligations pour son négoce si elle est marchande
publique, disposer de son mobilier, recevoir ses
revenus, et donner décharge et procéder à des
actes d'administration de biens.

Emancipation d'un mineur

30. — L'émancipation est un acte qui confère à
un mineur le droit de gouverner sa personne et ses
biens, en ce qui ne comporte que des actes de simple administration.

Le mineur est émancipé de plein droit par le
mariage, sans autre formalité.

Dans tous les autres cas, l'émancipation est
conférée par la seule déclaration du père, ou à
défaut du père, par celle de la mère devant le juge
de paix, assisté de son greffier, lorsque le mineur
a quinze ans révolus.

Après l'émancipation le compte de tutelle est
rendu, s'il y a lieu, au mineur assisté de son **curateur**.

Le mineur émancipé peut quitter la maison pater-
nelle ou celle de son tuteur.

Cependant jusqu'à vingt ans accomplis, il ne peut
s'engager dans l'armée sans consentement.

Il administre ses biens et acquiert la libre disposition de ses revenus, mais il ne peut intenter une
action immobilière en justice, ni y défendre, ni
même recevoir un capital mobilier sans l'assistance
d'un curateur, qui lui est donné par le conseil de
famille et qui doit surveiller l'emploi des capitaux
seuls.

A l'égard des obligations que le mineur émancipé
aurait contractées par voie d'achat ou autrement,
elles sont réductibles de la part des tribunaux,
lorsqu'il y a excès.

Quant à tous les autres actes qui excèdent aussi

les limites d'une simple administration, ils sont assimilés au mineur non émancipé.

L'émancipation fait cesser l'usufruit légal.

Le coût d'un acte d'émancipation est de 38 fr. 70. droit fixe.

Abus de confiance à l'encontre d'un mineur

ART. 406 DU CODE PÉNAL

Quiconque aura abusé des besoins, des faiblesses ou des passions d'un mineur. pour lui faire souscrire à son préjudice des obligations, quittances ou décharges, pour prêt d'argent ou de choses mobilières ou d'effets de commerce, ou de tous effets obligatoires, sous quelque forme que cette négociation ait été faite ou déguisée, sera puni d'un emprisonnement de deux mois au moins, de deux ans au plus, et d'une amende qui ne pourra excéder le quart des restaurations et dommages-intérêts qui seront dus aux parties lésées, ni être moindre de 25 francs.

Toute action du mineur contre son tuteur, relativement aux frais de tutelle, se prescrit par dix ans à compter de la majorité.

Modèle du testament olographe

Ceci est mon testament écrit et signé de ma main.

Moi, Pierre   , propriétaire, demeurant à donne et lègue à ma femme Joséphine   à partir du jour de mon décès, tous les biens meubles et immeubles dont il m'est permis de disposer selon la loi ; je donne et lègue à mon filleul Isidore une pendule estimée 1.500 fr.; à ma nièce Adélaïde de Bapaume, ma montre, à tel, etc., etc. Je nomme pour mon exécuteur testamentaire, Hippolyte mon ami, auquel je donne 500 fr. Mes légataires entreront en jouissance de ce que je leur donne, trois mois après ma mort. Et je révoque tout autre testament antérieur à celui-ci qui contient mes dernières volontés.

le

Modèle de procuration

Je soussigné, Pierre-Louis, demeurant à
rue de   ` n·   déclare donner, par ses
présentes, pouvoirs au sieur Julien   cul-
tivateur, demeurant à   ou de
Mon mandataire donnera décharge au débiteur,
ou à défaut de paiement fera contre lui, en mon
lieu et place, toutes les poursuites de rigueur
qu'il croira nécessaires devant les tribunaux de
paix et de première instance, pour le recouvre-
ment de ladite somme (ou à exécution les juge-
ments déjà obtenus), promettant de ratifier tout ce
qu'il aura fait en vue de mes intérêts.
Donné à   le

Demande en réduction de contribution mobilière

A Monsieur le Préfet du département de
Monsieur le Préfet,
Le sieur O... a l'honneur de vous exposer qu'il a
été taxé à la somme de... pour sa contribution
mobilière de l'an... que la maison qui a servi de
base pour cet impôt a sans doute été évaluée à un
revenu beaucoup plus considérable que celui qu'elle
produit réellement...
Pourquoi il vous demande que, d'après une nouvelle évaluation, il lui soit accordé une réduction
qui rétablisse sa taxe de contribution mobilière
autant qu'elle doit être.
Il attend cette faveur de votre équité, et vous
salue respectueusement.

Plainte à un magistrat

33. — Monsieur le   de la ville de
département du
Le sieur François, propriétaire, demeurant à
expose que la nuit dernière des malfaiteurs
se sont introduits chez lui, à l'aide de fausses clefs,
dans sa maison, qu'ils lui ont pris   . Il soup-
çonne être les auteurs du crime les nommés
tous deux mal famés et dont les moyens d'exis-
tence sont peu connus; ils ont été vus vers telle

heure rôder autour des lieux par les nommés

.Pourquoi ledit sieur François vous demande acte de ladite plainte, et vous prie d'ordonner de suite des recherches et perquisitions nécessaires à l'effet de recouvrer les objets qui lui ont été volés et vous feriez justice.

Il a l'honneur d'être, etc.

Pour se plaindre d'un fonctionnaire public

A Monsieur le Procureur de la République,

34. — Monsieur le Procureur,

Le sieur Baxincourt, notaire à   ou le sieur Bracart, avoué ou huissier, à   exige de moi pour la taxe de   (pour telle et telle chose qu'il faut désigner) la somme de   . Comme cette somme exigée constitue une véritable concussion, d'après les règlements sur la taxe des frais de justice, et qu'il entre dans les attributions de votre ministère de réprimer de pareils abus, j'ai recours à votre autorité pour les faire cesser à mon égard, en requérant que cet officier ministériel soit tenu de se conformer aux règlements sur la taxe de ses honoraires.

J'attends de votre zèle et de votre impartialité que vous me fassiez obtenir cette justice, et suis avec respect, Monsieur le Procureur.

(Votre, etc., etc.)

Des privilèges par ordre entre créanciers

35. — Le privilège est un droit qui, d'après la qualité de la créance, fait qu'on est préféré aux autres créanciers même hypothécaires.

Les privilèges peuvent être sur les meubles et les immeubles.

Les créances privilégiées sur les meubles s'exercent dans l'ordre suivant :

1° Les frais de justice ;

2° Les frais de la dernière maladie et les frais funéraires ;

3° Les salaires des domestiques, de l'année échue et de l'année courante ;

4° Les fournitures faites par les boulangers, bouchers et autres qui ont vendu des denrées pour la subsistance du débiteur depuis six mois;

5° Les marchands en gros peuvent réclamer leurs fournitures faites depuis un an.

Les sommes dues pour les fournitures d'ustensiles de métiers sont payées au fournisseur lors de la vente de préférence au propriétaire pour loyers;

6° Le propriétaire a privilège sur les meubles des locataires garnissant sa maison; mais le prix des effets mobiliers non payés donnent privilège au vendeur, s'il est prouvé que le propriétaire avait connaissance que les meubles n'étaient pas payés!

7° Les sommes dues pour semences, pour frais de récoltes, pour fournitures d'ustensiles de labour, sont payées de préférence aux sommes dues pour fermage. Le propriétaire a privilège sur les récoltes de l'année, sur les meubles et sur tout ce qui sert à l'exploitation de la ferme.

Le vendeur d'effets mobiliers peut les revendiquer dans la huitaine, tant qu'ils sont en la possession de l'acheteur s'il a eu soin de prévenir le propriétaire du crédit qu'il a fait au locataire. C'est une grande erreur que de penser qu'on peut s'approprier, au bout d'un an et un jour, l'objet qui nous reste en gage pour une somme qui nous est due.

Les ouvriers qui ont réparé un objet mobilier, qui est resté entre leurs mains, ont sûrement privilège sur ledit objet pour le paiement de ce qui leur est dû; mais l'ouvrier ne peut en disposer qu'après s'être fait ordonner en justice que cet objet lui demeurera en paiement jusqu'à concurrence de ce qui lui est dû.

Des vices rédhibitoires

POUR LE CHEVAL, L'ANE ET LE MULET

36. — La fluxion périodique des yeux, l'épilepsie ou le mal caduc, la morve, le farcin, les maladies anciennes de poitrine ou vieilles courbatures, l'immobilité, la pousse, le cornage chronique, le tic sans usure de dents, les hernies inguinales, intermittentes, la boiterie intermittente pour cause de vieux mal.

POUR L'ESPÈCE BOVINE

La phthisie pulmonaire ou pommelière, l'épilepsie du mal caduc.

Les suites de la non-délivrance.

Le renversement du vagin et de l'utérus, après le départ chez le vendeur.

POUR L'ESPÈCE OVINE

1 a clavelée, cette maladie reconnue chez un seul animal entraînera la rédhibition de tout le troupeau, la rédhibition n'aura lieu que si le troupeau porte la marque du vendeur; l'action en réduction du prix autorisé par le Code civil ne peut être exercée dans les ventes et échanges d'animaux énoncés dans l'article ci-dessus.

Le délai pour intenter l'action rédhibitoire sera, non compris le jour fixé par la livraison, de trente jours pour le cas de fluxion périodique des yeux et d'épilepsie ou mal caduc, de neuf jours pour les autres cas.

Si la livraison de l'animal a été effectuée ou s'il a été conduit dans les délais ci-dessus, hors du lieu, du domicile du vendeur, les délais seront augmentés d'un jour par myriamètre de distance du domicile du vendeur au lieu où l'animal se trouve. Dans tous les cas, l'acheteur, à peine d'être non recevable, est tenu de provoquer, dans les délais exigés par la loi, la nomination d'experts chargés de dresser procès-verbal, la requête doit être adressée au juge de paix du lieu où se trouve l'animal. Ce juge nommera immédiatement suivant l'exigence des cas un ou trois experts qui devront opérer dans le plus bref délai.

La demande sera dispensée du préliminaire de conciliation et l'affaire instruite et jugée comme matière sommaire.

Si, pendant la durée des délais fixés, l'animal vient à périr, le vendeur ne sera pas tenu de la garantie, à moins que l'acheteur ne prouve que la perte de l'animal provient de l'une des maladies que nous avons vues dans le § 1er.

Le vendeur sera dispensé de la garantie résultant

de la morve et du farcin pour le cheval, l'âne et le mulet, et de la clavelée pour l'espèce ovine, s'il prouve que l'animal, depuis la livraison, a été mis en contact avec des animaux atteints de ces maladies.

Actes. — AGE OU L'ON EST CAPABLE DE TOUS LES ACTES CIVILS

ART. 488 DU CODE CIVIL.

37. — La majorité est fixée à vingt-et un ans accomplis. A cet âge on est capable de tous actes de la vie civile, sauf la restriction portée au titre de mariage.

Titre de Mariage

ART. 148 DU CODE CIVIL

38. — Le fils qui n'a pas atteint l'âge de vingt-cinq ans accomplis; la fille qui n'a pas atteint l'âge de vingt-et-un ans accomplis, ne peuvent contracter mariage sans le consentement de leur père et mère : le consentement du père suffit.

Actes respectueux. — Sommations.

39. — Coût à Paris, 9 fr. — Chef-lieu d'arrondissement, 6 fr. — Dans les cantons, 4 fr.

Modèle de billets à ordre.

40. — Le quinze du mois d   je paierai à l'ordre de M.   la somme de   valeur   en mon domicile, etc.

Quand le corps du billet n'est pas écrit de la main du souscripteur, il doit mettre en toutes lettres : *Bon pour la somme de*

Tout billet doit être fait sur papier timbré, sous peine de six francs soixante centimes d'amende pour chaque cent francs, pour le souscripteur, et autant pour le premier endosseur.

Prodigues.

ARTICLE 513 DU CODE CIVIL.

41. — Il peut être défendu aux prodigues de plaider, de transiger, d'emprunter, de recevoir un capital mobilier et d'en donner décharge, d'aliéner, ni de grever leurs biens d'hypothèques, sans l'as-

sistance d'un conseil qui leur est nommé par le tribunal.

Révélation de secret.

ARTICLE 378 DU PÉNAL.

42. — Les médecins, chirurgiens et autres officiers de santé, ainsi que les pharmaciens, les sages-femmes et autres personnes dépositaires, par état ou profession, de secrets qu'on leur confie, qui, hors le cas où la loi les oblige à se porter dénonciateurs, auront révélé les secrets, seront punis d'un emprisonnement d'un mois à six mois et d'une amende de cent francs à cinq cents francs.

Nourriture (frais de) de la veuve.

ARTICLE 1465 DU CODE CIVIL.

43. — La veuve, soit qu'elle accepte, soit qu'elle renonce à la communauté, a droit, pendant les trois mois et quarante jours, qui lui sont accordés pour faire inventaire et pour délibérer à prendre sa nourriture et celle de ses domestiques sur les provissons existantes, et à défaut, par emprunt au compte de la masse commune, à la charge d'en user modérément.

Elle ne doit aucun loyer à raison de l'habitation qu'elle a pu faire, pendant ces détails, dans une maison dépendant de la communauté, ou appartenant aux héritiers du mari; et si la maison qu'habitaient les époux à l'époque de la dissolution de la communauté, était tenue par eux à titre de loyer, la femme ne contribuera point, pendant les mêmes délais, au paiement dudit loyer, lequel sera pris sur la masse.

Habitation (droits d') de la veuve

ARTICLE 1570 DU CODE CIVIL.

44. — Si le mariage est dissous par la mort du mari, la femme a le droit d'exiger les intérêts de sa dot pendant l'an de deuil, ou de se faire fournir des aliments pendant ledit temps aux dépens de la succession du mari. Mais, dans les deux cas, l'habitation durant cette année, et les habits de deuil doivent lui être fournis sur la succession et sans imputation sur les intérêts à elle dus.

Demande d'un brevet d'invention.

45. — Toute nouvelle découverte ou invention dans tous les genres d'industrie confère à son auteur le droit exclusif d'exploiter à son profit ladite découverte ou invention.

La durée des brevets sera de cinq, dix ou quinze années. Chaque brevet donnera lieu au paiement d'une taxe de 100 fr. par an, sous peine de déchéance si le breveté laisse écouler un terme sans l'acquitter.

Quiconque voudrait prendre un brevet d'invention devra déposer, sous cachet, au secrétariat de la préfecture, dans le département où il est domicilié, ou y élisant domicile, — 1° sa demande au ministre de l'agriculture et du commerce; — 2° une description de la découverte, invention ou application faisant l'objet du brevet demandé; — 3° les dessins ou échantillons qui seraient nécessaires pour l'intelligence de la description; — et 5° un bordereau des pièces déposées.

La demande doit être limitée à un objet principal, avec les objets de détail qui le constituent, et les applications qui auront été indiquées.

Elle mentionnera la durée que les demandeurs entendent assigner à leur brevet et ne contiendra ni restrictions, ni conditions, ni réserves. — Elle indiquera un titre renfermant la désigation sommaire et précise de l'objet de l'invention.

La description ne pourra être écrite en langue étrangère.

Les dessins seront tracés à l'encre d'après une échelle métrique.

Un duplicata de la description et des dessins sera joint à la demande.

Toutes les pièces seront signées par le demandeur ou par un mandataire, dont le pouvoir restera annexé à la demande.

Aucun dépôt ne sera reçu sans la production d'un récépissé constatant le versement d'une somme de 100 fr. à valoir sur le montant de la taxe du brevet.

Un procès-verbal, dressé sans frais par le secrétaire général de la préfecture sur un registre à ce destiné, et signé par le demandeur, constatera chaque dépôt, en énonçant le jour et l'heure de la remise des pièces.

Une expédition dudit procès-verbal sera remise au déposant moyennant le remboursement des frais de timbre.

La durée du brevet courra du jour du dépôt.

Les brevets dont la demande aura été régulièrement formée seront délivrés, sans examen préalable, aux risques et périls des demandeurs, et sans garantie, soit de la réalité, de la nouveauté ou du mérite de l'invention, soit de la fidélité ou de l'exactitude de la description.

De la police rurale.

46. — Les maires, la gendarmerie et les gardes-champêtres sont spécialement chargés de la police rurale, qui a pour objet la conservation des fruits et des biens de la campagne.

Entre autres attributions dévolues aux gendarmes, ils sont chargés de saisir tout individu commettant des délits dans les champs, les rivières et les bois, dégradant la clôture des haies ou fossés, encore que les délits ne soient pas accompagnés de vol, et de dénoncer au maire ceux qui, dans les temps prescrits, ont négligé d'écheniller dans les campagnes et jardins, où ce soin est prescrit par la loi ou par les règlements de police municipal.

Les gardes-champêtres sont officiers de police judiciaire, et à ce titre, chargés de constater les crimes et délits, mais plus particulièrement les délits ruraux, puisqu'ils sont établis dans la commune pour assurer les propriétés et les récoltes.

Les délits ruraux sont, suivant leur nature, de la compétence du juge de paix ou du maire, ou du tribunal correctionnel, et passibles d'amendes ou d'emprisonnement, sans préjudice de l'indemnité qui peut être due à celui qui a souffert du dommage.

L'imdemnité et l'amende sont dues solidairement par les délinquants.

Les maris, les pères, les mères, tuteurs, maîtres,

entrepreneurs de toute espèce, sont civilement responsables des délits commis par leurs femmes et enfants, mineurs, domestiques, voituriers et autres subordonnés; mais s'il y a prison, elle n'est subie que par les délinquants.

Les tribunaux de simple police jugent les délits ruraux dont la peine n'excède pas cinq jours d'emprisonnement et quinze francs d'amende, et les tribunaux correctionnels tous les autres délits passibles des peines plus fortes. (Art. 471 et 481 du Code pénal.)

Des contrats d'apprentissage

47. — Les droits d'enregistrement sont fixés de 1 franc à 1 fr. 50, les honoraires dus aux officiers publics sont fixés à 2 francs.

Des droits à payer

Pour les contrats d'échange, d'enregistrement, on paie 2 francs pour 100 francs pour l'échange, 1 franc pour 100 francs pour les créances à terme, 3 fr. 50 pour 100 francs pour échange d'immeubles.

Loi du 21 juin 1875.

Quand il y a soulte, 5 fr. 50 pour 100 francs sur la soulte.

FIN

TABLE DES MATIÈRES

Des droits civils.................................... 1
De la privation civile........................... 2
Des différentes espèces de saisies............ 3
La saisie-brandon........................... 4
La saisie-gagerie........................... 5
La saisie-exécution........................... 6
De la mitoyenneté du mur et du fossé mitoyens. 7
Les nouvelles lois rurales...................... 8
De la distance des propriétés et des ouvrages. 9
Des vues sur la propriété de son voisin....... 10
De l'égoût des toits........................... 11
Du droit de passage........................... 12
Tarif des frais d'actes de l'Etat civil.......... 13
Droits d'enregistrement pour droits de vente,
    d'échange, de partage...................... 14
Des notaires. — Leurs honoraires............ 16
Pour contrat de mariage...................... 17
Pour testament........................... 18
Vente d'une maison........................... 19
Modèle d'acte sous signature privée.......... 20
Sous-location (droit de)...................... 21
Notions usuelles........................... 22
Avis aux propriétaires........................ 23
Acte de partage entre co-héritiers........... 24
Tableau des droits à payer pour donations.... 25
Droits de mutation par décès.................. 26
Droits et devoirs respectifs des époux........ 27
Emancipation d'un mineur.................... 38
Abus de confiance à l'encontre d'un mineur... 29
Modèle du testament olographe............... 30
Modèle de procuration........................ 31
Demande en réduction de contribution mobi-
    lière........................... 32
Plainte à un magistrat........................ 33
Pour se plaindre d'un fonctionnaire public.... 34
Des privilèges par ordre entre créanciers..... 35
Des vices rédhibitoires........................ 36

Actes.—Age où l'on est capables des actes civils. 37
Titre de mariage........................... 38
Actes respectueux. — Sommations........... 39
Modèle de billets à ordre................... 40
Prodigues 41
Révélation de secret....................... 42
Nourriture (frais de) de la veuve........... 43
Habitation (frais d') de la veuve........... 44
Demande d'un brevet d'invention........... 45
De la police rurale........................ 46
Des contrats d'apprentissage............... 47
Du droit à payer.......................... 48

(Reproduction interdite.)

Paris, Imprimerie du Sentier, 14, rue des Jeûneurs
A. ELOY, directeur.